ブックレット《アジアを学ぼう》別巻⑭

臼杵 悠

移民大国ヨルダン

人の移動から中東社会を考える

風響社

移民大国ヨルダン――人の移動から中東社会を考える

臼杵　悠

はじめに

アンマンは散歩に向かない。この町には急勾配の坂が多いからだ。鉄道網は発達せず、人びとの交通手段はもっぱら車やタクシー、バスである。ところが、アンマンは首都である。首都には人が集まるため、道路はいつも混んでいる。歩道が未整備の場所も多く、市内を歩くのは少し危険だ。そのため、この地で生活する人びとにとって、バスは重要な移動手段の一つになる。

ヨルダン・ハーシム王国（以下、ヨルダン）滞在中、私は移動のためにバスを頻繁に使っていたが、乗客のほとんどをヨルダン人であると思っていた。長く地元に親しんだ人でない限り、バスを乗りこなすのが難しいからだ。バス路線の数が多いにもかかわらず、公式の路線図は存在しない。出発地と目的地が同じでも、途中で通る道が異なることもある。日本のように決まったバス停も存在していない。バスを利用するにはアンマンの地理を覚えるか、困るたびに出会う人に尋ねる必要がある。ヨルダン人以外の乗客を見た印象もあまりなかったので、私は乗客がみ

写真１　アンマン市内の高級モール（筆者撮影、以下同様）

写真２　ヨルダン南部に広がる沙漠（ワディ・ラム）

な、ヨルダン人だと考えていた。しかし、これは私の思い込みにすぎなかった。

　というのも、ある日乗ったバスの乗客のうち、相当の割合がヨルダン人以外の人びとだったことに気がついたからである。とは言っても、乗客一人一人に聞いたのではない。私たちの乗っていたバスが、道路上での検問に引っかかり、偶然その事実に気づくことになった。乗車していたのは特別な路線ではなく、アンマン市内のごくありふれたバス路線である。警察官がバスを止め乗り込んで来た後、そのまま運転手とほぼ全員の乗客のＩＤカードを持って行った。数十分たって返却に戻って来たとき、彼は国名を叫んで返し始めた。それがエジプトとシリアであり、乗客五〇人以上のうち、三分の一がヨルダン人ではないことがわかった。

　中東地域において、「外国人」が多いのは珍しいことではない。特にサウジアラビアやクウェートなどの石油産出国では、住民の半数以上が「外国人」であり、町中を歩いていても頻繁にその姿を見かけることができる。彼らの多くが、移民労働者として働きに来た東南アジアや南アジア出身者である。

　石油のイメージが強い中東地域にありながら、ヨルダンは非産油国である。ヨルダンの基礎情報を少し見てみよう。国の大きさは日本の五分の一程度で小規模であり、面積でいえば約九万平方キロメートルであるが、その八

地図　ヨルダンの主要都市・村と周辺諸国

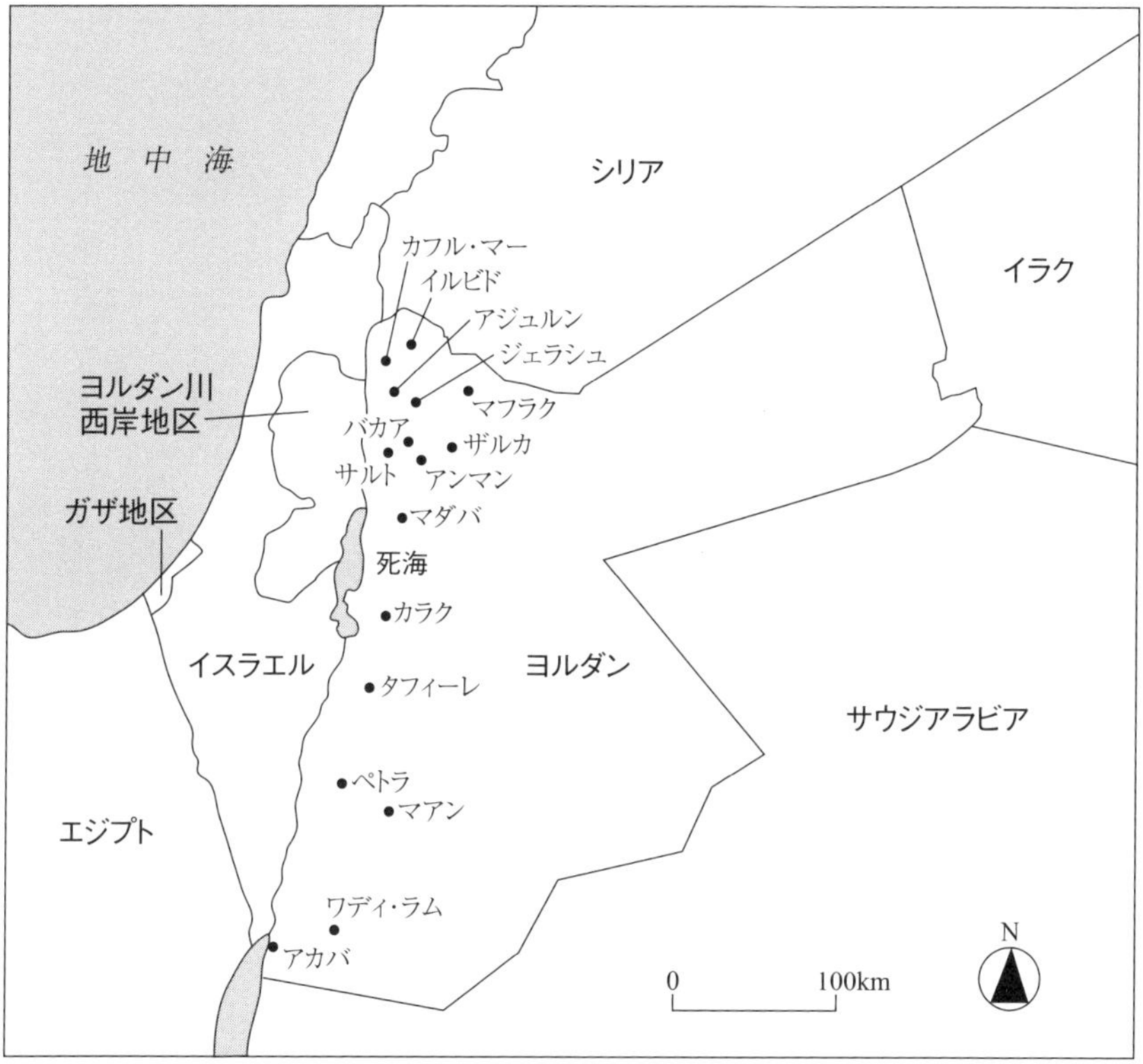

割を沙漠が占める。二〇一八年三月時点の統計局による推計では、国土の二割程度の土地に一〇〇〇万人を越える人びとが住んでいる。しかも、ヨルダンの北部と中部に全人口の八割が集中している。気候は、日中は暑いものの湿気がほとんどない。住宅は石造りで建物内に入れば暑さをしのげるが、一日の気温差が激しく夜はかなり寒くなり、一月から二月には雪が降ることもある。一方、緑が見える北西部や中部に対し、北東部そして南部へ向かうと広大な沙漠が広がる。沙漠といってもシルクロードから連想されるような、さらさらとした砂が舞う幻想的な沙漠ではなく、学校のグラウンドに少々草が生えたような風景である。このわずかばかりの緑と沙漠で構成される国土には、ナイル川のような巨大な水源や

水運の要がない。西部にヨルダン川渓谷、南部に唯一海につながる小さなアカバ湾があるのみである。このように資源に恵まれず、強い経済基盤を持たないヨルダンは、中東諸国においてこれといって目立つ国ではないように見える。

観光という点でも、ヨルダンはそれほど有名ではない。エジプトにはピラミッド、隣り合うイスラエル／パレスチナにはユダヤ教、イスラム教、キリスト教の聖地エルサレムがある。一方で、ヨルダンの観光地と言えば、映画「インディー・ジョーンズ」の舞台となった世界遺産ペトラ遺跡、あるいは死海をのぞくと、他に思い浮かぶものもない。しかも、死海はイスラエル側からでも行けるため、ヨルダンを目的地として訪れる観光客は多くはない。

ところが、この「何もない」ように見えるヨルダンに、「外国人」居住者が多くいる。しかも、この「外国人」の出身は石油産出国に居住する外国人とは全く異なる。つまり、東南アジアや南アジア出身者が多い石油産出国に対し、ヨルダンには同じアラビア語を話すエジプトやシリアなどのアラブ諸国出身者が多く住んでいる。そのため、ヨルダン人ですら一見すると相手がどこから来たかわからず、ヨルダン人と思い込み話し始めたりする。ところが、同じアラビア語でも方言が全く異なるので、会話することで初めて相手がヨルダン人ではないことに気づく。

なぜ、人びとは「何もない」ヨルダンへとやって来ることになったのだろうか。そして、彼らはどのような人びとだろうか。こうした考察を行う際、様々な方法が考えられるだろう。人びととの語りや歴史史料を繙いたり、数字やデータを用いるなどである。本書では、ヨルダン統計局が収集した統計資料を中心に用い、二〇一四年から二〇一六年の二年間の調査研究によるヨルダン滞在中に、私が出会った人びととのエピソードを加えながら、話を進める。それによって、ヨルダンに居住する人びと、特にヨルダンへと移動して来た人びとの全体像を明らかにしていきたいと思う。

本書ではヨルダンについて述べるが、話の中心は首都アンマンである。(1) それはアンマンが政治や経済の中心地であることはもちろんのこと、全人口の約四割もの人びとが集中するために、ヨルダンを代表する場として考えられてきたからである。しかし当然のことではあるが、アンマンはヨルダンそのものではない。そこで、必要に応じてアンマン以外の地方についても本書では言及している。

本書の構成は以下のとおりである。第一節から第三節にかけては、建国以降から現在にかけてヨルダンが受け入れて来た人びとについて、彼らがいつ、どこから、そしてなぜ来たのか、三つの時期に分けて説明する。第四節では、国外からの人びとが最も流入した首都アンマンを中心に、人びとが流入したことでどのような問題が起こっているのかについて見てみたい。なお、本書に登場する友人たちの名前は、全て仮名であることを書き添えておきたい。

一　建国直後の難民受け入れ

1　二度にわたるパレスチナ難民の流入

ヨルダンに到着して数日後、私は住居探しに奔走していた。受講を予定していた語学センターで民間の女子寮の電話番号を教えてもらったものの、習ったはずのアラビア語が通じない。アラビア語には、フスハーと呼ばれる主にニュースや本で使われる書き言葉とアンミーヤと呼ばれる話し言葉がある。言い換えるならフスハーは標準語、アンミーヤは方言にあたる。会話で使われるのはほぼアンミーヤなので、フスハーが通じる人はそれほど多くない。フスハーしか習っておらず、アンミーヤはかろうじて挨拶がわかるぐらいの私は途方に暮れていた。そこに助け舟を出してくれたのが、たまたま近くにいて話しかけてくれた女子大生のリーマだった。彼女は韓国語を専攻していたため、私の風貌に親近感を持ってくれたようだった。運良く紹介してもらった女子寮が近くにあったので、そこまで連れて行ってくれ、入居の手続きまで手伝ってくれた。

その後、私が宿泊していたホテルまで一緒に向かう会話の中で、リーマについてより知ることになった。彼女は、「私はパレスチナ出身」と言ったのである。続けて「でも私はアンマンで生まれたし、ヨルダン国籍を持っているの。パレスチナには行ったことはないし、これからも行けないのよ」とも付け加えた。リーマの祖父はパレスチナで生まれたが、戦争で難民となってヨルダンに避難したこと、祖父はヨルダン国籍を持っていたこと、さらに祖父がパレスチナでは兵士であったために、今も家族や親戚はパレスチナに行くことができないことを教えてくれた。

ヨルダンで生活していると、リーマのようにパレスチナ出身だと答える若者によく出会う。しかし、彼らの多くはパレスチナでは生まれておらず、実際には祖父母や両親がパレスチナ生まれである場合がほとんどである。このようなパレスチナにルーツを持つヨルダン住民の割合については、公式な統計は存在しないが、推計は公表されている。例えば、日本外務省のヨルダンに関するウェブページを覗いてみると、「(ヨルダンは)人口の約七割以上を占めるといわれるパレスチナ系住民を抱えており」という記述が見られる。[2] どうやらヨルダンという国をより深く知るためには、リーマのような出自の人びとが、なぜこの国に多いのか、ということから考えていかなければならないようだ。

「パレスチナ系住民」がヨルダン人口の半数以上を占めることになった最大の要因が、建国直後の二度にわたる難民の受け入れであった。一九四六年に建国したヨルダンは、二年後に勃発した第一次中東戦争[3]のなかでパレスチナからの難民を受け入れた。その後、一九六七年の第三次中東戦争[4]においても再び、さらに膨大な数の難民を受け入れることになった。イスラエルが戦争によって獲得した地域から逃れた人びとが、ヨルダンへと逃げ込んだのだ。[5]

パレスチナ難民の受け入れがどれほど大規模なものであったかは、ヨルダン全体における人口の変遷を見ればよくわかる。図1を見てみよう。図1が示しているのは、一九五〇年から二〇一五年までの五年ごとの人口

1　建国直後の難民受け入れ

図１　ヨルダンにおける人口数と人口増加率の推移（1950 年 -2015 年）

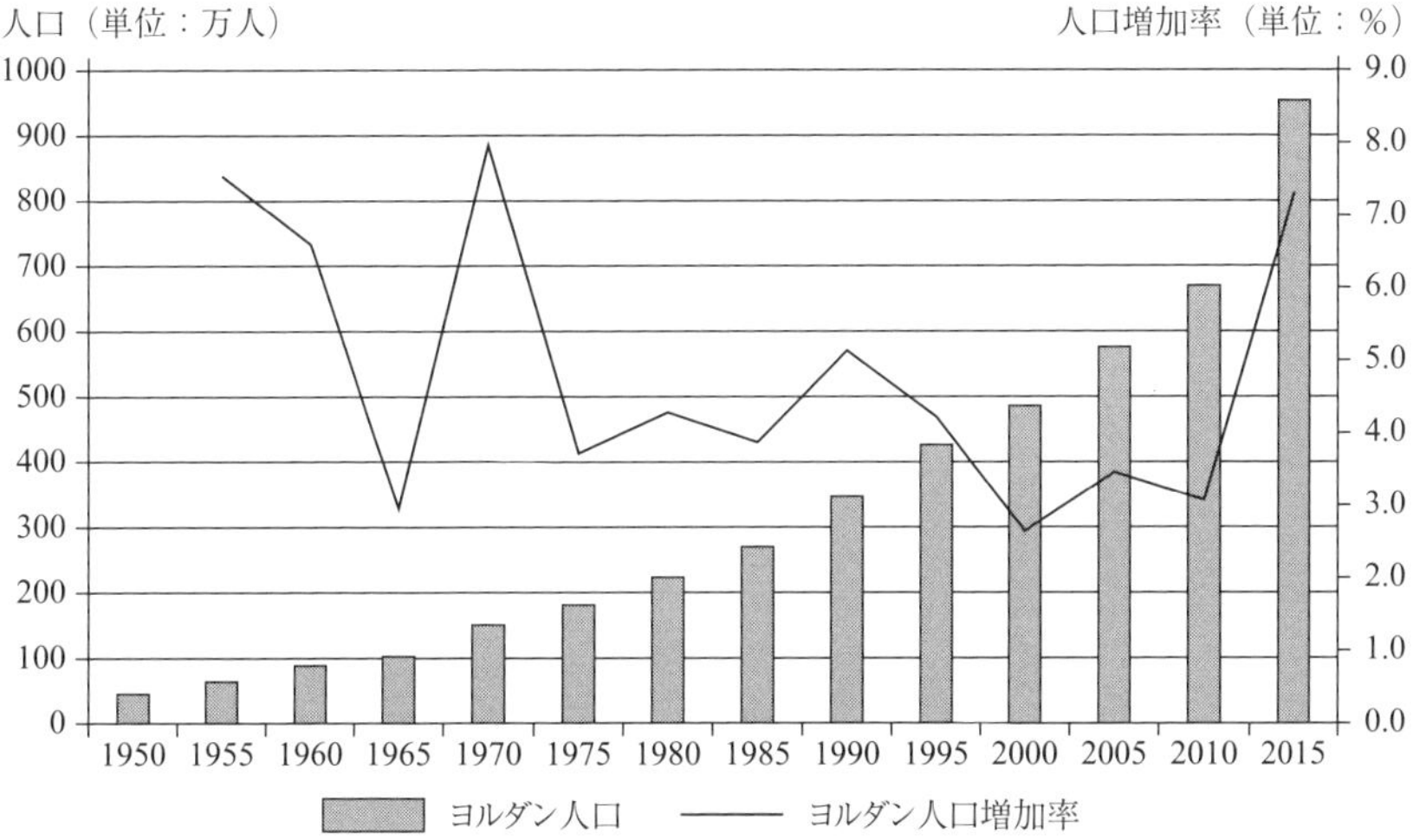

出所：Population Division website より筆者が算出・作成（ヨルダン川西岸地区は含まない）。

と年平均人口増加率の推移である。この図から最初にわかることは、ヨルダンでは建国直後から現在まで、人口が増え続けていることである。人口は六五年間で二〇倍以上に増加している。しかし、人口の数だけをみると、単に増加しているだけのようにしか見えない。そこで、人口増加率に注目してみると、激しく変動していることがわかるだろう。どの期間で人口増加率が高いのか、注目してみてほしい。特に顕著な期間が一九六五年から一九七〇年であり、八％にまで達している。また、一九五〇年から一九五五年の期間においても七・五％と高い数字を示している。この二つの期間は、第一次中東戦争と第三次中東戦争が起こった時期と一致している。つまり、人口増加率が高くなったのは社会増加によるものである。具体的には、周辺諸国での政治的事件をきっかけとした人びとの流入に大きく影響を受けているということが分析できる。それ以外の期間の人口増加率については、三％から四％の自然増加に留まっている。ところが、一九八五年と一九九〇年、二〇一〇年から二〇一五年についても人口増加率が高いことが図１から見て取れる。これらに関しては、それぞれ第二節と第三節で後述する。

ヨルダンには、パレスチナから膨大な難民が逃げ込んだ。数の違いこそあるものの、これはレバノンやシリアなど、ヨルダン周辺の国が同じく経験した出来事だった。ところが、ヨルダンのパレスチナ難民の多くが、ヨルダン国籍を持つことになる。そのために、彼らは一般的に考えられる「難民」とは少し異なる存在として、ヨルダン社会で暮らしている。この事実が、ヨルダン人を理解することの複雑さを表しているように思える。パレスチナで生まれたが、「ヨルダン人」でもある彼らは、なぜヨルダン国籍を持つことになったのだろうか。

2 ヨルダン国籍を持つ「難民」

パレスチナ難民がヨルダン国籍を持つことになった経緯を簡単に述べれば、パレスチナの一部がヨルダンに併合されていた時期があったからである。パレスチナという地名は現代では、死海を挟んでヨルダンと接する「ヨルダン川西岸地区（以下、西岸地区）」とエジプトに接する「ガザ地区」という二つの地域を総称したものであるかのように扱われる。しかし、より正確に言えば、これらはパレスチナと呼ばれていた地域の一部であったにすぎない。そして、この西岸地区という場所が生まれるきっかけを作ったのがヨルダンだった。つまり、ヨルダンが併合した地域が、後に西岸地区と呼ばれるようになったのである。西岸地区（現在東エルサレムと呼ばれる地域も含む）は一九五〇年に併合された後、一九八八年に当時のヨルダン国王フセイン（現国王アブドゥッラー二世の父）が西岸分離宣言を行うまで、ヨルダンと法的かつ行政的につながりがある地域であった。実際には、一九六七年以降はイスラエルの占領によって、ヨルダンと西岸地区の間での物資や人の移動は制限されていたものの、西岸地区が一時期ヨルダンの「領土」であったことは、まぎれもない事実である。実際に、ヨルダン統計局が実施した一九六〇年代までの人口センサス（以下、国勢調査）の結果を見てみると、西岸地区が含まれている。

一九五〇年に西岸地区併合を行ったことで、ヨルダン政府はその併合前後に現在のヨルダン領および西岸地区にいたパレスチナ出身者に対し、難民も含めてヨルダン国籍を与えた。その結果、難民の多くがヨルダン国籍を取得することになったのである。すなわち、一九四八年の戦争の際に、西岸地区もしくは現ヨルダン領へと避難したパレスチナ出身者は、ヨルダン国籍を得ることが出来た。さらに、一九六七年に西岸地区からヨルダンへ避難した人びとは元々国籍を持っていたため、いわゆる「国内移動」という形で扱われた。もちろん、これには例外もあり、一九六七年にガザ地区から出て、西岸地区もしくは現ヨルダン領へと避難した人は、ヨルダン国籍を持っていなかった。そのため、数は少ないものの無国籍状態のままヨルダンで暮らす人びともいる。[6]

つまり、ヨルダン政府は難民に国籍を与えることを目標にしたのではなく、併合という政策の結果として、ヨルダンに避難したパレスチナ出身者に国籍を与えることになったというわけである。このような状況は、「国民」として難民を受け入れるというヨルダンの特殊性を生み出す要因となった。繰り返しになるが、同じくパレスチナからの難民を受け入れたレバノンやシリアなど他の国家は、彼らに国籍を与えることはなかったからである。

したがって、ここまで「難民」という言葉を使ってきたものの、パレスチナ人を難民としてのみ捉えると、見落とされる部分が出てくることがわかる。彼らはヨルダン内で六〇年以上も暮らしており、既に生活はヨルダンに根づいている。先述したリーマの祖父も難民としてヨルダンへ来たものの、リーマ自身は現在何不自由なく暮らしている。それは彼女がヨルダン国籍を持っていることと多分に関係しているのだ。

実際、一九四〇年代から一九六〇年代の間にヨルダンに作られたパレスチナ難民キャンプのいくつかは、一時的な設置であったはずが、今では大きな都市へと変貌している。国内には二〇一八年現在、UNRWA[7]（国連パレスチナ難民救済事業機関）が管轄するだけでも一〇の難民キャンプが存在する。例えば、アンマン南部にあるワヘダート難民キャンプは一九五五年に設置された。現在では、毎週末に多くの人びとが買い物のために訪れる巨大な市

写真3　ワヘダートのにぎやかな市場

写真4　アンマン中心部近くにあるパレスチナ難民キャンプ

場（アラビア語ではスークと呼ばれる）となり、観光客向けのガイドブックにも掲載されるほどである（写真3参照）。

全く知らない人が見れば、難民キャンプとそうでない場所の境界はわかりにくい。難民キャンプといっても、テントが立ち並んでいるわけではない。長年の生活のなかで、人びとはコンクリートで家を建て、さらに家族が増えるたびに二階、三階と建て増しをしていった。道路が舗装されているところも多く、下水網もある。そのため、一見すると単なる住宅密集地のように見えるのだ。そして、難民キャンプ周辺の居住区が「拡大」するという事情もある。難民キャンプ出身者がキャンプを出て生活を始める際に、家族や親戚の多いキャンプ周辺に住宅を持つからである。そのため、難民キャンプと街の境界線は、全く知らない人から見れば、ますます曖昧になっている。たとえＵＮＲＷＡに難民として登録していても、難民キャンプ内で暮らす人よりも、キャンプ外で暮らす人びとの方が圧倒的に多いのである。

さらに忘れてはならないのは、パレスチナからの人口流入が、必ずしも戦争によるものとは限らなかったことだろう。地理的な距離の近さから、職探しなどの日常的な移動は常に行われていた。もちろん、ヨルダンは彼らを全て受け止め切れたわけではなかった。ヨルダン国籍を持つパレスチナ出身者の多くは、ヨルダン国内では仕事を見つけられずに国外へ、特に石油産出国である湾岸諸国へと移動したのである。次節では、ヨルダンへ働きに来たパレスチナ出身者に加え、国外で働く「ヨルダン人」労働者と彼らの代替的存在としてのヨルダン国籍を持たない「外国人」労働者、すなわち非ヨルダン人労働者について見てみたい。また、国家経済を支える送金と国際援助について触れた後、国外からの帰還者についても考える。

二　国内外で働く人びとと経済

1　パレスチナからの労働移動

ヨルダン滞在時に知り合いになったヨルダン人は何人かいるが、その中でも特に仲良くなったのがファラハだった。出会った当初は情報科学を専攻する女子大学生で、現在（二〇一八年）はアンマン市内のIT会社に就職している。ファラハとは何度か話をしていくうちに、彼女の両親が西岸地区で生まれ育ったことを知った。ところが、前述のリーマのようにパレスチナにルーツを持ち、同じくアンマンで生まれ育ったとは言え、ファラハの状況は全く異なっていた。西岸地区にはファラハの祖父母が今も住んでおり、祖父母に会いに行くためファラハは年に二回ほど定期的に西岸地区を訪れている。数年前までは祖父母もヨルダンを訪れていたが、体調が悪化して移動が難しくなってしまったので、ファラハ達が会いに行くだけになってしまった。

ファラハの両親がともに西岸地区からヨルダンに移動したのは、仕事を見つけるためであったという。パレスチナからヨルダンへの流入は、一九四〇年代から一九六〇年代にかけて続いていたが、それは戦争による避難者だけに限らなかった。例えば、一九七七年にアンマンの一七五〇世帯を対象に行われた大規模世帯調査の結果を紹介しよう［Samha 1980］。それによると、移動経験のある世帯のうち、半数がパレスチナからの「自発的移動」であると回答した。すなわち、戦争による避難以外の理由、主に雇用を求めた移動であった。もちろん、パレスチナからの転職や求職による移動が、戦争による避難とは全く関係がないとは言えない。戦争による経済状況の悪化が、雇用機会の不足につながり、結果的に職を求める移動を促す場合もあるからである。しかしながら、西岸地区の併合による「国内移動」が可能だったこともあり、労働移動を中心とした日常的な移動もしばしば行われていたことはあるだろう。そして、移動契機にかかわらず、ヨルダンがパレスチナからの人びとの受け入れに苦慮していたのは確かである。

　実は、パレスチナからヨルダンへの労働移動、もしくはヨルダンからパレスチナへの労働移動という相互的な移動は、そもそも国境が引かれるよりずっと前から、日常的に盛んに行われていた。その状況がわかるエピソードを一つ紹介しておきたい。ヨルダン最北西部の山岳地帯にカフル・マーという村がある。アンマンからは車で二時間以上かかり、ヨルダン人ですら知っている人は少ない。なぜこの村の話をここでするのかと言うと、パレスチナ（イスラエル）との国境のすぐそばにあるからだ。そしてまた、一九六〇年代にアメリカ人の人類学者であるリチャード・アントゥーンが調査を行った場所だからでもある［Antoun 1972］。彼は研究のなかで、この村をア

写真5　カフル・マー村のメインストリート

写真6　オスマン帝国時代にロバにのって一日半かけ、カフル・マーからパレスチナへ出稼ぎに向かったという山道

ラブの村の典型として示し、家族の婚姻関係や、コミュニティーのあり方を、地縁と血縁を基軸にして明らかにした。こうした研究成果を受けて、私は日本の研究グループの一員として、社会経済調査のためにこの村を何度か訪れた[8]。村とはいえ、現在ではカフル・マーには二万人ほどの人びとが居住している（写真5参照）。

カフル・マーに住む女性の家を訪れたとき、ベランダに呼ばれた。行ってみると、「山が見えるでしょ。イスラエルとパレスチナの山々よ。近所でしょ」と教えてくれた。かつて同じオスマン帝国領であった時代、カフル・マーに住んでいた人びとは出稼ぎのため、ロバにのって、パレスチナへ半日かけて通っていたという。車で一〇分ほど走れば国境まで行けるので、かつて住民がロバに乗ってパレスチナへ向かったという山道まで、彼女が連れて行ってくれた（写真6参照）。アントゥーンによれば、一九四九年に国境が封鎖されるまで、パレスチナや現イスラエル領へと人びとは長距離の出稼ぎに向かっていたという［Antoun 1972: 33］。国境が引かれたことで、その移動は制限されたが、かつては日常的に移動が行われていたのである。

2　国外で働く労働者の送金

さて、ファラハに話を戻そう。ファラハは今、アンマンの病院で働く母と二人で暮らしているという。両親がどうやら離婚してしまったらしい。ヨルダンで離婚は珍しいことであるが、母が医者として働いているため、金銭的には問題がないようだ。ファラハは父親とも定期的に会っており、父が今はサウジアラビアで働いているので、車を貸してもらえると喜んでいた。大学生のころ、ファラハはタクシーか徒歩で大学に通学していた。車を持ったことで、彼女は新しい移動手段を手に入れた。一方で、彼女の悩みは母との二人暮らしが続くため、時々母とけんかをしてしまうことだそうだ。というのも、ファラハの二人の姉は、いずれもヨルダン人と結婚して、夫の仕事の都合でそれぞれカタールとアラブ首長国連邦に住んでいるので、家にはファラハと母のみが残されたからだ。時おり姪が家に来るので、面倒を見るのが楽しみだと話してくれた。

ファラハの父や姉夫婦のように、国外在住のヨルダン人は多い。そうした人びとは、特に湾岸諸国で出稼ぎをしているが、実は統計データでは実態がつかみにくい存在である。例えば、二〇〇四年の国勢調査によれば、ヨルダン国外に住むヨルダン人は二万九三九七人であり、二〇一五年の国勢調査では三万四九五一人であった。この人数はいずれもヨルダン国民の一％にも満たない。この少なさは、統計局による在外ヨルダン人の定義の問題による。すなわち、統計局が定義する在外ヨルダン人とは、ヨルダンに在住する世帯の一員であることに加え、国外在住期間が一年未満の人びとしか含まれないためである。実際には、国外に出ているヨルダン人の数はもっと多いことが推測される。なぜなら、国外で働くヨルダン人労働者は、ヨルダン国籍を持ちながらも個人単位ではなく世帯単位で移住して国外を生活の拠点にしている場合が多く、滞在期間は一年をゆうに超えて長期にわたる傾向にあるからである。ヨルダン人の主要な出稼ぎ国の統計データを参照するという方法であれば、詳細がわかるかもしれない。しかしながら、全ての国が外国人や労働者の具体的な情報を公開しているわけではない。実際、中東地域において、トルコやエジプトなどの一部の国々を除けば、統計データの蓄積が限られているという現状がある。

さて、こうした在外ヨルダン人が重要視されるのは、彼らの母国への送金がヨルダン経済を支える柱の一つだとされるからである。非産油国であるヨルダンは、どうやって経済を成り立たせているのか。その答えとして、しばしば送金の重要性が指摘されている（例えば、Kirwan［1981］や Knowles［2005］など）。ヨルダンにおける送金の対ＧＤＰ比率を見てみると、二〇一五年時点で一四・二％に達している（図２参照）。

在外ヨルダン人の人数は、一九七〇年代に急激に増加した。その理由は、一九七三年に石油価格が高騰し、石油産出国で石油ブームが起こったためである。日本では「オイル・ショック」として負の側面で語られがちな石油価格の高騰だが、石油産油国にとっては石油収入の増大をもたらす恩恵があった。ヨルダン人は比較的教育水準が高

図2　ヨルダンにおける送金の対GDP比率（1972年-2016年）（単位：%）

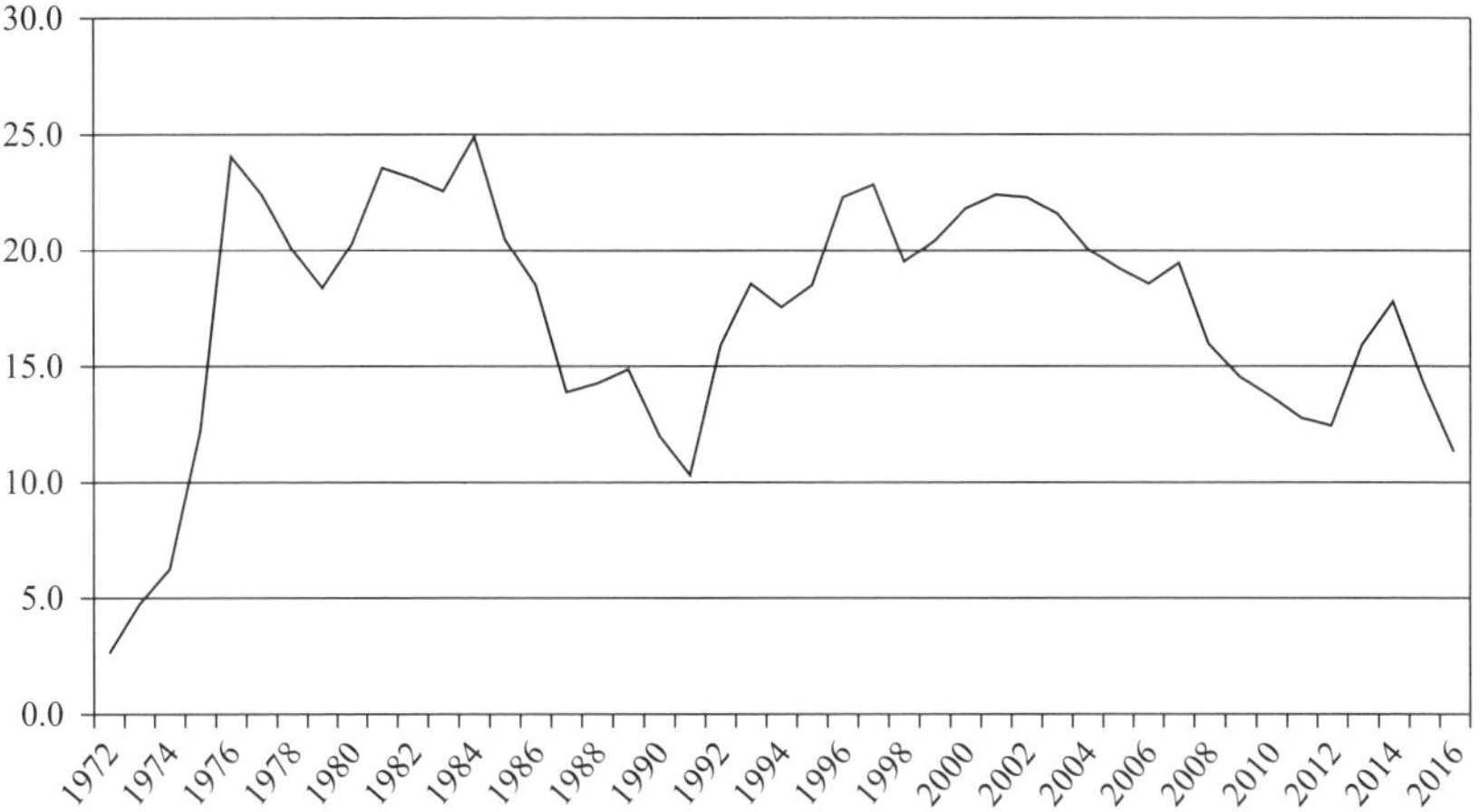

出所：World Bank websiteより筆者が作成。

く、熟練労働者としてサウジアラビアやクウェートを中心とした湾岸産油国へと出稼ぎにいった。その結果、ヨルダンへの送金が増加したのだ。一九七二年には二・六%にすぎなかった送金の対GDP比率は、一九七六年には二四・一%に上昇した（図2参照）。

一九七〇年代以降の石油ブームは、ヨルダンにとってパレスチナからの人口流入の受け入れを和らげることにもつながった。パレスチナ出身者には教育水準が高い人びとが多く、ヨルダン国内では満足できる仕事を見つけることが難しかった。そのような人びとは、より良い所得が得られる石油産出国へと向かい、ヨルダン内に住む家族や親戚へ送金を行うようになった。

3　国際援助と国王

送金とともにヨルダン経済を支えていると言われてきたのが、国際援助である。一九八〇年代に石油価格が一時的に下落したときも、国際援助がヨルダン経済を助けた。前ヨルダン国王フセインは、中東諸国の中でも在位が長い国王であり、半世紀近くその座にいた（一九五三年即位、一九九九年崩御）。フセイン国王は外交に力を入れることで、ヨルダンという国家を維持しようと考えた。石油収入が国土から望めない以上、外交努力による資金獲得に努めた形だ。その結果、ヨルダンは様々な国から経済援助を受けることになった。一九五〇年代初期はイギリス、一九五七年からはアメリカ、一九六〇年代から一九七〇年代にかけては湾岸諸国、一九八〇年代から湾岸戦争が起こる一九九一年まではイラク、一九九四年のイスラエルとの平和条約締結後は再びアメリカから多額の援助を受けている［Shlaim 2008: 610］。

周辺地域や隣国が戦争や内戦で混乱するなか、ヨルダンが安定して存在することに利益を見いだす国が存在したことで、ヨルダンは援助を受け続けることに成功した。それを可能にしたのは、立憲君主制のヨルダン外交における、国王の存在だろう。現に、ヨルダンに住んでいると、国王の写真を目にすることが多い。それは新聞の一面をよく飾るというだけではなく、街中においてである。省庁やホテルのロビーだけではなく、地方の小さな商店にも飾られていた。写真は現国王アブドゥッラー二世だけではなく、父であるフセイン前国王、さらに長男であるフセイン王子も横に並べられていることもある。しかしながら、最も目にしたのは歴代の国王の肖像が描かれた紙幣であった。例えば、最も高い五〇ヨルダン・ディナール紙幣は現国王アブドゥッラー二世、二〇ヨルダン・ディナール紙幣はフセイン前国王などである（一ヨルダン・ディナールは二〇一八年三月二九日現在一・四一米ドル）。

建国時から現在に至るまで、国王の手腕はヨルダンに対する研究者の関心を惹き付けている。例えば、建国の際、初代国王アブドゥッラー一世が国内の有力部族と親密な関係を築くことで国民を統合しようとした試みなどが指摘されている(9)［Allon 2007］。また、第三代国王フセインが先述のように国家の経済的自立よりむしろ、域内の政治的立場を重視した外交政策に力を入れていたことで、よりいっそう国王への関心が研究者の間で高まった。ただし、そのような外交重視の傾向は時代を経ることで変わりつつある。国内の経済活動についてもかつては政府の統制が強く、規制が敷かれていた。しかし、現在は徐々に緩和されつつあり、ヨルダン経済は自由市場経済へと移行しつつある。一九八〇年代末からのヨルダンにおける経済自由化に関する研究では、国際援助への依存は少なくなる傾向にあり、かわって先ほど見たような国外労働者による送金への依存が多くなっていると指摘されている[Knowles 2005]。

4　ヨルダンへの日本の援助

ヨルダンに国際援助を行うのは、アメリカなどの大国に限られない。日本もまた、ヨルダンへの援助を行っている。日本からヨルダンへのＯＤＡ（政府開発援助）について簡単に見てみよう[10]。二〇一六年度の対ヨルダン援助実績は、円借款が三〇〇億円、無償資金協力が五五億六〇〇〇万円、技術協力が一〇億五一〇〇万円である。日本とヨルダンの関係は意外に長く、円借款は一九七四年、無償資金協力は一九七九年に開始された。また、一九八五年には日本とヨルダンの間で技術協力協定が締結されると同時に、青年海外協力隊の派遣も開始されている。ＪＩＣＡ（独立行政法人国際協力機構）によれば、これまでにヨルダンに派遣された青年海外協力隊員は総計五八〇人であり、そのうち三三七人が女性である。音楽や美術、体育や幼児教育など多岐にわたる分野に派遣され、二〇一八年二月の時点で二五人が派遣中である。

　ヨルダンには青年海外協力隊員として日本語教師が派遣されている大学がある。ヨルダンで日本人と会う機会が珍しいので、日本人から直接学ぶことが日本語学習者にとって大きな刺激となるそうだ。ヨルダンで出会った日本語学習者の多くはアニメをきっかけに学び始めたといい、日本語で違和感なく会話を交わすことができた。また、大学の日本語クラスを見学させてもらうことがあったが、そのクラスでは約二〇人いる学生のうち、半数近くがマレーシアから来た女子大学生だった。彼女たちはイスラム教徒であり、イスラム法を学ぶために留学している。なぜ日本語を学ぶのか聞いたところ、「単位のため、それに日本とは距離が近くて親近感があるから」という回答だった。

写真7　高台から見るサルト市の風景

ヨルダンは国民の九割以上がイスラム教徒であり、中国やトルコなど世界中から、イスラム教徒には欠かすことができないアラビア語を学ぼうと人びとが集まる。もちろん、イスラム教徒だけではなく、アラビア語を専攻する学生や商社・メディアなど中東地域で働く人びともまた、アラビア語を学ぶためにヨルダンに滞在している。彼らとなぜアラビア語学習の場としてヨルダンを選んだかについて話をしていると、「治安が比較的安定しているから。本当ならば、物価が安いシリアに行きたかった」という声をたびたび聞いた。また、その他の理由として、同じくアラビア語を話す北アフリカや湾岸諸国は、方言であるアンミーヤと標準語であるフスハーがかなり違うので、勉強するのが大変だからだと話す留学生もいた。

さて、日本が援助を行った一例として、サルトという町を紹介しておこう。

写真8　サルトの市場（スーク）を歩く人びと

サルトはアンマン北部のバスターミナルから北西へ向かって約二〇分程度と、比較的交通の便が良い町だ。また、山が多く斜面に住宅が密集しており、地形的にもアンマンと似ている。しかしながら、街の景観は大きく異なり、アンマンにあるような巨大なショッピングモールや高層ビルは見られず、開発途上にあると言えるだろう。サルトには数は少ないもののキリスト教徒も住んでいる。そのため、教会とモスクが隣り合わせに建つ珍しい町でもある。その一環でサルトは、観光客の誘致に力を入れている。

特に日本からの支援を受けたのが、名望家アブー・ジャーベルの家を改築したサルト市博物館である。中を見てみると、サルトの歴史や人びとがかつて使っていた農具、伝統的な洋服などが飾られている。その説明書きの中に、元々サルトがパレスチナのヨルダン川西岸地区にある都市ナブルスと交流が盛んで、貿易を行っていたことが記されている。つまり、サルトもまた、かつてはパレスチナと関係が深かったのである。実際、急な坂を登って町中を歩いていると、「ナブルシー（ナブルスっ子）」や「ハリーリー（ハリールっ子）」といった苗字を良く見かける。これらはパレスチナにある都市由来の名字である。パレスチナのヨルダン川西岸地区には、ナブルス、ヘブロン（アラビア語ではハリール）と呼ばれる都市がある。とくにサルトは、ナブルスとの関係が深く、実際にオスマン帝国領のころは同じ県にまとめられていたこともある。サルトの住民にこの話を向けてみたところ、「我々はサルト人だ」との答えが返って来た。要するに、先祖は確かにパレスチナ出身ではあったかもしれないが、ヨルダンが建国されるずっと前にパレスチナからサルトへ来たのだから、「サルト人だ」という言い方になるらしい。人びとの移動をめぐる記憶は、ヨルダンのこうした地方都市にも色濃く残っている。

ここまで、国家経済を支える国際援助とヨルダン人労働者がもたらす送金について述べてきたが、ヨルダン人労働者そのものについて話を戻そう。石油ブームに伴う出稼ぎ、すなわち国外在住ヨルダン人労働者の増加は、一方で国内の労働力不足をもたらした。そこで増加したのが、エジプトやシリアを中心とした近隣アラブ諸国からの労働者の流入である。非ヨルダン人労働者は、湾岸諸国へ向かうヨルダン人労働者を代替する存在として、一九七〇年代以降に急激に増加した。彼らは非熟練労働者として、主に農業部門や建築業部門で働いた［Kirwan 1981］。ところが、ヨルダンは周辺諸国の政治情勢の悪化により、再び大規模な人口流入を経験することになる。一九九〇年から一九九一年の湾岸危機・戦争を契機に、クウェートを中心とした石油産出国からヨルダン人労働者が帰還したのである。

5　湾岸戦争がもたらす「ヨルダン人」帰還者

ヨルダンでは建国以降、二〇一七年現在まで計六回の国勢調査が行われている。その中でも、一九九四年に実施された国勢調査の結果でのみ「帰還者」という特別な項目が作られている。この点に、ヨルダン政府の関心の高さがうかがえる。国勢調査は、調査時にヨルダンに滞在する人びと全てが対象になる全数調査であり、その結果は今後の政策を決定する指針となるものである。したがって、国勢調査においてどのような質問項目がもうけられたかは、政府の関心を知るための重要な指標になる。

一九九四年国勢調査における「帰還者」とは、具体的には一九九〇年から一九九四年までの間に中東諸国の主要な石油産出国からヨルダンに戻ったヨルダン人を指す。この国勢調査の結果に沿えば、帰還者の数は二一万六一三三人であった。当時のヨルダン人口は約四一一万人だったので、人口の約五%に当たる人びとがたった四年間でヨルダンへと戻ってきたことになる。現に、一九九〇年から一九九五年の人口増加率は、他の時期に比べて高くなっている（図1参照）。そして、帰還者全体のうち八六・八%がクウェートからであった。

クウェートからの帰還者が多いのは、湾岸戦争の影響が大きい。湾岸戦争はイラクのクウェート侵攻をきっかけにして始まった。当時のフセイン国王は、アメリカを主体とする多国籍軍による攻撃を前にして、イラクに同情的な声明を出した。また、パレスチナ人の代表組織であったパレスチナ解放機構（PLO）も、イラクに対する多国籍軍の攻撃に反対を表明した。情勢の悪化もあって、クウェートに居住していたヨルダン人が戻り、特にパレスチナ人はクウェートによる、いわば報復措置のためにヨルダンへ戻される結果となった。

帰還者の多くは国外での生活が長く、帰国後のヨルダンでの生活は容易なものではなかった。この中には、パレスチナ（西岸地区）から直接湾岸諸国へ向かったために、ヨルダン国内でほとんど生活したことがない人びとも多くいた［Van Hear 1995］。彼らはヨルダン国籍を持っていたので、しかたなくヨルダンへと移動することになった。というのも、西岸地区はすでにイスラエルの占領下に入っており、そこへの移動が難しかったからである。

ヨルダン人労働者が突如ヨルダンへ戻ったことについては、ヨルダン経済にとって利益だったとも、大打撃を与えたとも言われている。湾岸諸国からの労働者の帰還によって、ヨルダンでは失業や貧困が急増した［Hassan and Al-Saci 2004: 2］。実際、一九九一年前後に送金の対GDP比率は大きく落ち込んでいる［UN. ESCWA 2005: 5］（図2参照）。しかし一方で、彼ら帰還者の投資や消費がヨルダン経済に好況をもたらしたとも指摘されている。ヨルダン帰還前の居住地で、比較的高い水準の暮らしをしていた彼らは帰還後、自らの貯蓄をヨルダンの不動産や企業へと投資した。さらに、湾岸諸国滞在時と同様の高水準の消費生活をヨルダン到着後も続け、ヨルダン経済に活況をもたらした少なからずの人びとがいたことも知られている。

いずれにせよ、この湾岸戦争時のヨルダン人労働者の帰還は、ヨルダンの経済構造に多大な影響を与えた。石油産出国から帰って来たヨルダン人労働者の多くは高学歴かつ熟練労働者だった。そのため、彼らは高収入の専門職へと殺到した。すると、ヨルダン国内で労働市場の需要と供給のバランスが崩れ、前述のように国内の失業率が急激に上昇した。その後も失業率が一〇％を切ることはなく、二〇一七年の統計局による最新のデータでは、ヨルダン人の失業率は一八・五％に達している(11)。

とりわけ高学歴の若者の失業率が高止まりし、他の多くのアラブ諸国と同様に深刻な社会問題となっていることに触れておきたい。数字で見てみると、二〇歳から二四歳の失業率は三六・四％である。さらに大卒以上の男性の失業率が二四・八％であるのに対し、大卒以上の女性は七三％である。すなわち、若い高学歴女性の失業率が極めて高いことになる。これについては、友人達の話を聞いていると、信頼のおける企業で働くことを親が推奨すること（実際に、働く女性のほとんどが公共部門に勤めている）、また高学歴の女性の親の多くが裕福であり、働く場所を選ぶだけの余裕があるといったことなども背景にありそうだ。

一方、ヨルダンで働く非ヨルダン人労働者の人数に大きな変化はなく、代替的構造は現在まで変わっていない。彼らの多くは、比較的低賃金の非熟練労働者として、ヨルダン労働市場に参加していたからである。労働省によれば、二〇一五年時点で労働許可証を持つ非ヨルダン人労働者のうち、九五％が非識字者であった［Ministry of Labor 2015］。彼らの六割以上がエジプト人だが、近年はバングラデシュ人の割合が増加し、その数は一五％を占めるようになっている。こうした非ヨルダン人労働者の多くが、農業や製造業に従事している。さらに、ヨルダン、特にアンマンの高所得者層が集まる地域では、家事労働者を雇うことが多い。その多くをフィリピンやスリランカ、インドネシアなどの南アジアや東南アジア出身の女性たちが担っている。市内の高級ショッピングモールに行くと、こうした女性達が子どもを抱えながら、ヨルダン人家族と一緒に歩く姿を見かける。

しかしながら、ヨルダンが人びとを受け入れるのは、これで終わりではない。二〇〇〇年代になってから、再び新たな難民を受け入れることになったからである。

三　新たな難民たち

1　隣国イラクからの流入

私が初めてヨルダンに足を踏み入れた二〇一〇年、ヨルダン人の何人かから「イラク人のせいで物価が上がり続けている」という不満を聞いた。二〇〇三年のイラク戦争以降、イラクでは情勢が不安定になり、多くのイラク人がヨルダンへと逃げ込んだ。そのため、国内ではイラク人の数が増え続けていたのである。ところが、ヨルダン人はそのようなイラク人に対して、裕福なイメージを持っていた。

イラク人が経済に与えた影響を、すべてこの場で明らかにすることはできない。しかし、ヨルダンへやって来たイラク人が裕福である可能性はある。国勢調査によれば、ヨルダン在住イラク人のほとんどが、国内で物価が最も高いアンマン県に住んでいるからである。二〇〇四年は七六％、二〇一五年にいたっては九三％のイラク人がアンマン県在住であった。私自身、二〇一四年以降の長期滞在で、裕福なイラク人に会うことがあった。例えば、高級住宅地に住む友人の隣人がイラク人であり、さらに別の友人は大家がイラク人であった。その大家は通常はイラクにいるが、投資のためアンマンにマンションを持っていた。イラク情勢を考えると、アンマンへ投資する方が安全であるのだという。そのため、ヨルダンの不動産屋を通して自身のマンションを人に貸していた。

しかし一方で、戦争の影響を知る機会もあった。私が大学によく出入りしていたこともあり、イラク人学生と話すことがあった。彼らによれば、イラク情勢の悪化でヨルダンでの勉強を決めたと言い、イラクへは頻繁に帰っているそうだ。昔通っていた学校が爆撃によって壊されたといって、写真を見せてくれた。他にも、教育機関で働くヨルダン人の友人から、同僚のイラク人の話を聞いたこともあった。彼女は戦争で親族を亡くしてアンマンに逃げて来たが、心の傷が深く日常生活に支障をきたしているのだという。

イラクからの流入もまた、ヨルダンへの大規模な人口流入の例として指摘できる。ただし、彼らは前述のパレスチナおよび後述するシリアからの流入者とは異なり、どちらかと言えば一時的な滞在であった。また、ヨルダン政府自体が一貫してイラク人を「客人」として受け入れ、イラク人に対して難民という言葉を使うことはなかった[12]［今井 二〇一四：四六］。しかし、一時的とは言え、周辺地域の戦争・紛争による突発的な流入という点では、イラク人の流入もパレスチナ人やシリア人と似ている。そこで、二〇〇七年の統計局によるヨルダン在住イラク人に関する報告書の記述[13]を基に、当時のイラク人についても簡単に見ておこう。

二〇〇七年五月時点で、国内には四五万人から五〇万人のイラク人居住者がいると推計された［Dalen and Pedersen 2007: 3］。二〇〇四年の国勢調査ではイラク人の居住者数は四万八五人であったので、この数字だけを見ても流入規模の大きさがわかるだろう。報告書によると、ヨルダンへの流入のピークは二〇〇四年から二〇〇五年であった。

また、イラク人自身、ヨルダンを一時的な滞在場所であるとみなしていたことも考慮する必要があるだろう。多くのイラク人が、情勢が安定した後にイラクへ戻るか、もしくは第三国へ移動することを望んでいた。例えば、ヨルダン在住イラク人の五人に一人が、第三国へ移動する具体的な計画を持っていたことが報告されている［Dalen and Pedersen 2007: 19］。イラク人の特徴として、家族で移動する傾向にあること、教育水準が高いこと、大多数がアンマン在住であったことなどがあげられる。それに加えて、イラク人世帯は所得源のほとんどを国外からの送金、特にイラクからの送金に頼っていた。ヨルダン国内での労働が制限されていたイラク人も多く、ヨルダンにいたとしても、イラク人は安定した生活を送れていたわけではなかった。実際に、ヨルダンに居住するイラク人の数は現在、減少している。二〇一五年の国勢調査では、イラク人の居住者数は一三万人九一一人であった。ところが、二〇一一年以降、同じく隣国から、さらに多くの人びとがヨルダンへとやってくることになる。

2　二〇一五年国勢調査とシリア人

ヨルダンに滞在中、私はたびたび統計局を訪れていたが、お世話になった統計局のスタッフの一人にマルヤムがいた。彼女によると、統計局は他の政府機関と比べて、働いている女性の割合が高いそうだ。実際、統計局の中を歩くと半分近くが女性職員であり、彼女たちの話し声がよく聞こえた。

マルヤムと仕事の話になり、「どのくらい働いているの」と私が聞いたら、「今が一番忙しいわよ」と答えた。統計局の一番の大仕事、一〇年に一度の国勢調査に向けた準備の最中だったのである。通常、朝八時に始まり夕方四時には帰ることができる仕事だが、彼女は毎日六時や七時まで残り、ときには休日出勤することもあった。局長など執行役員は、平日や休日も関係なく泊まり込むという。「普通はこんなことないのよ。国勢調査だから特別よ」と彼女は話した。

二〇一五年一一月、難民キャンプを含めたヨルダン全土で、一週間かけて国勢調査が実施された。調査が始まる前日は急遽祝日になったほどである。調査方法は、質問票が各家庭に送付される日本とは異なる。ヨルダンでは、主に教育省から派遣された調査員（日頃は教師をしている）が一軒一軒家を訪ねてまわるのである。そのため、質問票の回収率は九割を越える。前回の調査までは紙媒体に回答を記入していたが、今回からタブレットが導入されて入力する方式になったので、データの整理が容易になったという。国勢調査の時期が滞在時期に重なっていたため、私自身も質問を受けるのを楽しみにしていた。ヨルダンに滞在する「外国人」として、当然ながら私も調査対象者になっていたからだ。ところが、私が住んでいたのは賃貸アパートであったため、調査員の訪問を直接受けることはなく、大家が代わりに対応をしてくれた。大家から私を含めた居住者全員に対してメールが来て、名前や生年月日、ヨルダンに来た日などを尋ね、彼を通して統計局に情報提供が行われたのである。統計局の調査員から直接質問を受けた日本人もいたが、彼女はアラビア語が話せず、また調査員も英語がわからなかったために、意思疎通に苦労したそうだ。

写真9　統計局の標識と国勢調査の実施を知らせる垂れ幕

ヨルダンでは通常、国勢調査は一〇年ごとに行われるが、前回の実施は二〇〇四年である。一年延びた理由の一つが、シリア難民であるという。実際、二〇一五年に行われた国勢調査では、初めて調査対象者が「難民」であるか否かを尋ねる質問がなされた。ヨルダン政府がシリア難民に対して、強い問題関心を寄せたことがわかる。

シリアからは、特に大規模な人口流入となった。二〇〇四年に三万八〇〇〇人にすぎなかったシリア人の居住者数は、二〇一五年には一二六万五五一四人と、たった一〇年で三〇倍以上に激増したのである。この人数はヨルダン居住人口の約一五％に当たる。実際、UNHCR[14]（国連難民高等弁務官事務所）によれば、ヨルダンは全人口に対して受け入れたシリア難民の人数の割合がレバノンに続き、世界で二番目に高い国とされている。受け入れ人数だけを見ても、ヨルダンはトルコ、レバノンに次いで三番目である。ヨルダン国内にはシリア難民キャンプがいくつか作られているが、UNHCRに登録されているシリア難民もまた、パレスチナ難民と同様、難民キャンプ内よりもキャンプ外に住む人びとの方が圧倒的に多い。

難民の項目が設けられたのは、シリア難民がどれほどいるかを把握することが、政府にとって最大の関心であったからだと考えられる。具体的な質問内容を見てみよう。統計局が公開した国勢調査の質問票では、まず非ヨルダン人に対し、なぜヨルダンに来たのかを聞いている。それに対して、仕事や勉強、観光などの答えがある中で「危険な状態かつ武力衝突」と答えた人のみを対象に、避難状態（亡命状態）にあるかという質問を行う。ここで、「はい」と答えた回答者を「難民」としてまとめ、二〇一五年国勢調査の一部として公表している。

国勢調査は、現在のヨルダンにおける難民を取り巻く状況について、いくつかの事実を提示している。例えば、政府によって定義された難民だけでも、一三〇万五三五〇人に達しており、これはヨルダン人口の一三％を占める数である。また、彼ら難民がどこから来たかを見てみると、難民の七三％、つまりおよそ四分の三がシリア出身である。ところが、次いで多いのが「ヨルダン生まれ」であり、一三・五％を占めている。これをどのように理解したらよいのだろうか。答えは、生まれながらに避難状態にある、難民の子どもたちである。つまり、かなりの割合の人びとが避難先で出産していることが、こうした数字から浮き彫りになる。さらに、難民のヨルダン滞在期間を見てみると、難民の七六％が五年以内であり、シリア内戦の影響がいかに大きかったのかがわかる。一方で、難民の五％は、二〇年以上と長期にわたってヨルダンに滞在していると回答している。彼らのほとんどは一九四〇年代から一九五〇年代にヨルダンへ避難して来たパレスチナ出身者であり、ここにはパレスチナ問題の根深さがうかがえる。実際、パレスチナ難民としてシリアに避難した後、再びシリアからの難民としてヨルダンへ避難したパレスチナ出身者も少なくない。

これまで周辺諸国の政治的事件を契機に、突発的に人口の流入を受け入れて来たヨルダンであるが、シリア難民の流入は、現在進行形の問題である。そして、こうした「難民」の受け入れによって、ヨルダンが多額の国際援助を受け取る恩恵にあずかってきたこともまた事実である。

3 国籍から見るヨルダン住民

まとめもかねて、ヨルダンには非ヨルダン人がどのくらい住んでいるのかを見てみよう。図3に示したのは、二〇一五年の国籍別居住者人口である。国籍とは、どの国／地域のパスポートを所持しているかを意味する。

結論から言えば、ヨルダン国籍を持たない非ヨルダン人は全人口の約三割を占める。言い換えれば、ヨルダン住民の約三人に一人が非ヨルダン人である。具体的に国籍を見てみると、シリア、エジプト、パレスチナという三つの国／地域だけで非ヨルダン人の九割近くを占めていることがわかる。彼らはこれまで見て来たように、ヨルダン社会に対してさまざまな影響を与えて来た人びとである。

最も多いのが、シリア国籍を持つ人びとであり、人口の一三％と極めて高い割合を占める。彼らのほとんどが、二〇一一年以降、シリアから国境を接するヨルダン国内へ避難してきた人びとである。約一〇年前にはヨルダンの全人口は約五〇〇〇万人で、シリア人は全体の一％にも満たなかった。近年のシリア人の増加は、ヨルダン全体の人

図3　国籍別ヨルダン居住者の割合
（全949万6761人、2015年）

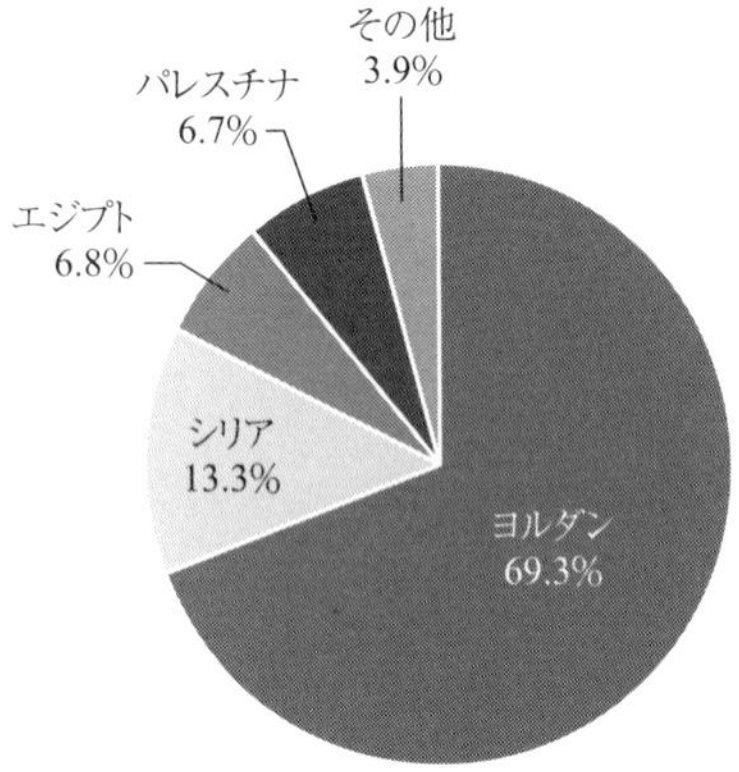

出所：Dos websiteの2015年国勢調査より筆者作成。

口をも急激に押し上げた。人口増加率についても、パレスチナ難民が避難して来た時期と同程度に高いことから、その影響の大きさがわかるだろう（図1参照）。次いで多いのが、冒頭で紹介したバスでの出来事にみるように、シリア人に加えて多く乗り合わせていたエジプト人である。彼らは主に労働目的でヨルダンに来ており、非ヨルダン人労働者の中で最も多くの労働許可証を保持する人びとである。二〇一七年にエジプト中央統計局が行った国勢調査の結果によれば、在外エジプト人の滞在先でヨルダンは三番目に多い（一位はアメリカ、二位はサウジアラビア）。三番目はパレスチナである。パレスチナは国ではないので、図3でのパレスチナという回答者は、正確には「ヨルダン国籍を持たず、パレスチナ暫定自治政府が発行したパスポートを持つ人びと」を指している。

ここまで、いつ、どこから、どのような人びとがやって来たのかを述べてきた。ヨルダンでは建国以降、度重なる人口流入を経験したが、国外からの人びとを最も受け入れたために、彼らの影響を最も受けたのが首都アンマンであった。次節では、このような国外からの住民を受け入れたアンマンがどのように発展し、かつどのような問題を抱えているのか、そしてアンマンにはどこから来た人びとが住んでいるのかについて見てみたい。

四　アンマンへ来た人びとと暮らし

1　都市の拡大と交通事情

アンマンの町中には急な坂が目立ち、決して暮らしやすそうには見えない。鉄道網は発展しておらず、市内を移動するのは容易ではない。先述のリーマとファラハもまた、大学への通学時の交通手段には苦労していたようだ。

リーマの家はアンマン南部にある。大学はアンマン北部にあり、車で直接大学へ向かえば三〇分ほどだが、直行のバス路線はない。乗り継ぎが悪いと二時間近くかかってしまうという。家の近くでセルビス（乗り合いタクシー）に乗り、近くのバスターミナルへ向かう。そのバスターミナルから大学行きのバスへと乗り込むのである。時間によってはセルビスもバスも混雑していて乗れず、乗り継ぎのために長時間待たされる。大学から帰るとき、タイミングが合う場合は、友人の車に乗せてもらって家の近くまで送ってもらうこともある。

ファラハの家は大学から車で一〇分ほどのところにある。車がないときには別の交通手段で行くしかないが、家の近くを通るバスはないのでタクシーを捕まえるしかない。ところが、朝の時間帯は道路が混雑するため、何台ものタクシーから乗車拒否にあう。タクシー運転手ですら忌避するほどに、アンマン中心部の交通渋滞はひどい。運転手とけんかするのも面倒なので、彼女は一時間近く歩いて大学に通うこともあったという。現在彼女が働く職場に向かう際も、最初はタクシー通勤であったが、サウジアラビアに住む父親が車を貸してくれたので、車通勤に切り替えた。

彼女たちの通学や通勤の苦労話は、アンマンが急に拡大してきた状況をよく表している。突発的かつ予測できない人口増加によって、都市計画が追いつかなかったのだ。そのため、都市の拡大は制御されず、アンマンはまとまりなく発展した。このような発展の状況は、時刻表も路線図もなく、統合的な公共交通機関システムがないことにも表れている [Potter et al. 2004: 89]。人が増えた場所にその都度バス路線を作った結果、複雑かつ非効率的な路線網になってしまい、乗り換えに時間がかかるのである。

バス路線の複雑さは、また、地方に住む人びとにも影響を与える。さきほど話題にしたカフル・マー村で会った家族は毎週末（ヨルダンでは金曜と土曜にあたる）祖父母に会いに、アンマンからやって来ていた。彼らは最終バスがあるからと、まだ日が出ていて明るい五時前に帰って行った。家に着くまでには、何度もバスを乗り換える必要があり、時間が読めないためのようだった。アンマンにある大学の学生たちの中には、両親に会うため毎週末に片道四時間かけてバスで帰る友人もいた。彼女はバスの不便さよりも家族に会うことの方が重要だと熱弁していた。もし、今よりも能率的なバス路線が整備されれば、こうした苦労も少しは軽減されるのだろう。

このような背景もあり、バスは観光客が使うには、あまりにも難しい乗物である。ヨルダンには市内だけでなく都市と都市を結ぶバスが頻繁に走っているが、いつ、どのようなタイミングで走っているかがどこにも表示されていない。バスに乗るのは、あくまで経験則に頼る行為になる。歩道橋や病院の前など、ちょっとした目印がバスの停留所になっていて、遠くからやってくるバスを見分けて「停まって！」と目と指で合図する必要があるのだ。そこでバスが停まっても安心はできない。バスには運転手に加えて、乗車賃を集める係が別に乗っていることがある。彼らが連呼する行き先から、そのバスが自分の行きたい場所に向かうのかを判断しなければならない。時々道を歩いていると、乗車賃を集める係が乗客を増やそうとバスのドアから身を乗り出して「乗って行かないかい？」と聞いてくるが、まずは行き先を確認する必要がある。とかく、慣れるまではバスを使うのは難しいのだ。

最近になって、ようやく有志によって非公式のアンマンを中心としたバス路線図が作られた（http://maanmasel.net/map/ 二〇一八年三月二八日最終アクセス）。しかし、路線によってバスが走る頻度は異なり、また降りる場所の呼び名も住民独自のものが使われていたりする。街を歩くと道路や交差点の名前が書かれた標識を目にするが、その公式名を住民が使うことはまずない。彼ら独自の非公式の呼び方があるのだ。例えば、アンマン北部にあるヨルダン大学からアンマン旧市街（ダウンタウン）の方角へと向かう主要道路に、現ヨルダン王妃の名前がついた「クイーン・ラーニア・アル＝アブドゥッラー通り」がある。これは公式の名前であり、観光地図にも載っている。しかし、住民にはほとんど通じない。実際に彼らが呼んでいるのは「大学通り」である。地図の地名が全く通用しないので、慣れないうちは非常に戸惑うことになる。さらに、日本と異なり、バスはどこでも乗り降りできる。つまり、景色や人びとがよく降りる場所を覚えておかないと、降りる場所すら覚束ないのである。

　アンマンの都市交通システムの特徴は、やはり「渋滞」だろう。鉄道網がないので、人びとは道路を使うしかない。道路はバスや車、タクシー、セルビスなど全ての移動手段が集まる場所になる。人びとがよく使う主要道路は限られているので、ますます渋滞が発生しやすくなる。

写真 10　バスに乗り込む人びとと座って待つ人びと（アンマンのダウンタウン）

写真 11　アンマン市北部にある交差点。車はこの交差点でＵターンすることもできる

　車社会のアンマンでは、交差点は特に混雑する場所である。英語で「サークル」、アラビア語で「ドゥッワール」と呼ばれる大型の交差点は、いつも車で埋め尽くされている。交通量が多い場所では警察官が立ち、

写真 12　歩行者用に見える道路に挟まれた空間。高速バスを通すために作られたが、現在工事は中止されている（アンマンの大学通り）

写真 13　外資系スーパーにて、ラマダーンに合わせて飾り付けられ、ナツメヤシなどが売られている一角

交通整理をしているところもある。車が多いにもかかわらず、信号がない交差点が多いからだ。そのため、歩行者にとっても、道路を渡るのは簡単なことではない。ところが、多くのヨルダン人は慣れたもので、車が走る中を普通に進んでいく。運転手も人が前を横切ることを想定しており、歩行者はドライバーとアイコンタクトをしながら道路を渡ることになる。歩道橋や横断歩道はあるものの、数は多くない。そもそもアンマンは、人が街中を歩くことを想定して作られていないのではないかとすら思える。近年では人口増加に伴い交通量も増え続けているため、政府は十字路を立体交差点へと改修したり、道路の幅を広げるなどして、交通渋滞の解消を試みている。さらなる解消法として、アンマン市を横断する高速バス道を整備する計画もある。しかし、道路を途中まで作ったものの財政的な問題から計画が中止されるなどの状況も起こっている（写真12参照）。

道路が混雑する時期や時間には、一定の規則がある。特に仕事終わり、人びとが一斉に帰宅する午後三時過ぎが、渋滞のピークだ。また、祝祭の時期はもっとひどくなる。例えば、ラマダーンはヨルダンに居住するイスラム教徒にとっては、一年で最も大きなイベントである。日中の断食を経て、日没後に初めて食べる食事をイフタールと呼ぶ。

そのイフタール後、人びとは親戚や友人達とお茶をするためにカフェに向かうので、道路が混みやすい。ところが逆に、イフタール直前にはみな家やレストランへと向かうので、道路からはほとんど人がいなくなる。バスやタクシーもいないので、交通手段が全くなくなるのである。

また、夏になると避暑に訪れたサウジアラビア人のため、交通渋滞がさらにひどくなる。サウジアラビアとヨルダンとでは気温が五度以上異なるためだが、夏の最高気温が三〇度以上にもなるヨルダンが「避暑地」となっているのである。また、ヨルダンはサウジアラビアと陸続きであるため、サウジアラビア人の多くは車で国境を越える。そのため、夏頃になるとサウジアラビアナンバーの車が増え、道路はさらに混雑することになる。サウジアラビアからの男性はガラベーヤと呼ばれる白い衣服を着ており、女性は全身を真っ黒な布で覆った服を着ていることが多く、見た目にもわかりやすい。夏になるとアンマンの洋服店には彼ら向けの衣服が並べられる。かつてはシリアも避暑地だったが情勢不安により、ヨルダンに来るサウジアラビア人が増加した。近隣諸国の情勢は、このようなところにも影響をおよぼしている。

2　歴史と水不足問題

アンマンに坂が多い理由は、この町がいくつもの山からなっていることに起因する。ダウンタウン周辺は「ジャバル・ウェブデ」、「ジャバル・カラア」、「ジャバル・フセイン」など、「ジャバル・〇〇」という地域名が連なるが、このジャバルとはアラビア語で山という意味である。

ヨルダン人の友人から「これがアンマンの特徴だ」と教えられたのが、長く急勾配の石の階段である（写真14参照）。アンマンのダウンタウンにはこのような長い階段がいくつも見られる。ダウンタウン周辺の移動は、この階段によって移動が比較的容易になっている。この地域はアンマンの中で最も古い地域であるが、住宅が山の麓の

写真 15　山の斜面に家が密集し、谷には道路が見えるアンマン中心部の風景

写真 14　アンマン中心部でよく見られる長い急勾配の石の階段

みならず、頂上や斜面にも密集している。人口が増加するにつれ、山の斜面にまで開発が広がっていったのである。そして、谷の部分には車やバスが走る道路や商店が、所狭しと立ち並ぶ（写真15参照）。

このような地形からわかるように、アンマンは元々人が住みやすい場所ではなかった。エジプトの首都カイロやシリアの首都ダマスカスが基本的に平地なのとは対照的に、アンマンは山がちな地形に築かれているからである。これは、アンマンが古い歴史を持たない町であることと関係している。アンマンがヨルダンの中心地となったのは、ヨルダンの前身であるトランスヨルダンが成立した二〇世紀以降である。それまでは、現在のヨルダンの地はオスマン帝国の一部であったものの、中央政府にとっては決して重要な地域ではなく、むしろ辺境の地という位置づけであった。一九世紀末以降、オスマン帝国の行政区域に組み込まれることで、中央政府の管理が行き届くことになった。ところが、その際に重要視されていたのは、比較的農業生産が可能なアジュルンやイルビドなど、ヨルダン北部の地域だった［Rogan 2002: 69］。

アンマンの起源はオスマン帝国支配下の一九世紀、ロシアから追放を受けたイスラム教徒のチェルケス人がアンマンに移動し、ここに定住したことにある［Kadhim and Rajjal 1988: 318; Potter et al. 2009: 83-84］。さらに、一九〇六年にはメッカやメディナに向かうヒジャーズ鉄道がアンマンに到達したことで、発展が始まった。ヒジャーズ鉄道といえば、映画『アラビアのロレンス』でイギリス軍が何度も破壊を試みる様子が描かれた、オスマン帝国の代表的な輸送線である。この鉄道路線跡はアンマンを含め国内に一部残っており、貨物列車あるいは観光列車が運行されている。

アンマンの次なる発展は、一九二一年以降である。この年、後に初代国王となるアブドゥッラー一世が、アンマンをトランスヨルダンの首都として宣言した。トランスヨルダンは現在のヨルダン・ハーシム王国の前身であり、当時はまだイギリス委任統治領であった。一九四六年に独立が宣言された後も、アンマンは引き続きヨルダンの首都となった。そして、戦争を契機としたパレスチナのヨルダン川西岸地区からの人口流入もあり、一九五〇年代にはアンマンはヨルダン国内で最も人口が増えた都市となった［Hindle 1964］。この人口増加を契機として、アンマンの発展が加速したのである。

急速かつ突発的な人口増加は、アンマンという都市に様々な問題をもたらすことになった。それは先述した交通網の整備の遅れに留まらない。渋滞による大気汚染に加え、住宅や電気、エネルギーなど資源やインフラの不足などの都市問題であった。その中でも特に問題視されていたのが、水不足である。近年は少しずつ解消されてきたものの、アンマンは水源が少ないにもかかわらず人口が急速に増加したために、世界で最も水不足が深刻な都市の一つである。実際、水の供給源は常に国勢調査の中でも調査され続けてきた。具体的にはそれぞれの世帯がどこから水を得ているか（上水道からか、タンクに溜めているのかなど）を知るための指標である。ヨルダン政府にとっても、水の確保は大変な課題だったのだ。

アンマンでの水供給について、一九七〇年に書かれた記述を見てみると、以下のように説明されている。すなわち、アンマン市内では定期的に給水制限がおこなわれていること、地区ごとに給水の曜日が異なること、一般に大臣や王族の住居の多い地区は給水状態がよいと言われていていることなどである［塩尻　一九九三：二四］。続けて、

写真16　アンマン市内を走る給水車

乾期には予定日でも給水が来ないことや、貯水タンクに水を溜めておき、次の配給日まで考えながら使わねばならない苦労が記されている。私が滞在した二〇一五年前後はインフラが整ってきており、基本的に十分な水が供給されていた。しかし、地域や家によっては給水制限があるか、あるいはタンクが小さいからか、すぐに水がなくなるという話を聞いた。給水車自体は、今でも頻繁に市内を走っている（写真16参照）。

3　アンマン住民はどこから来たか

これまで、人口流入に影響を受けた都市としてのアンマンという場所を見て来たが、最後に、そこに住む人びとに目を向けてみよう。アンマンは人口規模も大きく、国外からの人びとが最も集まる場所でもある。これはすなわち、アンマンがこれまで説明したような国外から流入した住民の特徴が最も表れる場所であることを意味している。どれほどの非ヨルダン人がアンマン県に集中しているのか、数字で確認してみよう。二〇〇四年にアンマン県居住者はヨルダン人口の三七・九％を占めていたが、非ヨルダン人だけでみると五三・五％であった。二〇一五年時点でも、人口の四二％がアンマン県に集中している中で、非ヨルダン人の四九・八％がアンマン県に住んでいた。つまり、非ヨルダン人の方が、首都に集中して居住する傾向にあることがこの数字からわかる。

それでは具体的に、アンマンにはどこから来ている人びとが多いのだろうか。二〇〇四年の国勢調査に基づき、アンマン県における居住者の国籍別および出生地別の人口を比較してみたい。ここでいう出生地とは、回答者がどこ（国／地域）で生まれたのかを意味し、国籍とは異なる。統計局は国別の出生地を公開していないため、本データは統計局から独自に入手したものである[15]。データの都合上、二〇〇四年時点でのデータであり、シリア難民の影響を受ける以前のものであることに注意してほしい。そのため、二〇一五年時点と比べてシリア人の割合は極めて低く、一方でヨルダン国籍をもつ人びとの割合は高くなっている。

それぞれの結果を図4と図5に示した。この二つの図を比較して明らかなのは、ヨルダンと答えた回答者の割合が大きく異なることである。すなわち、アンマン住民のうち、ヨルダン国籍をもつ人びとは約九割を占める。ところが、ヨルダンで生まれた人びとは約七割と、ヨルダン国籍をもつ人びとに比べて少ない。つまり、この結果が示しているのは、ヨルダン国籍を持ちながらも、ヨルダン国外で生まれた人びとが極めて多く住んでいることである。

図4　国籍別アンマン県居住者の割合
（全192万4823人、2004年）

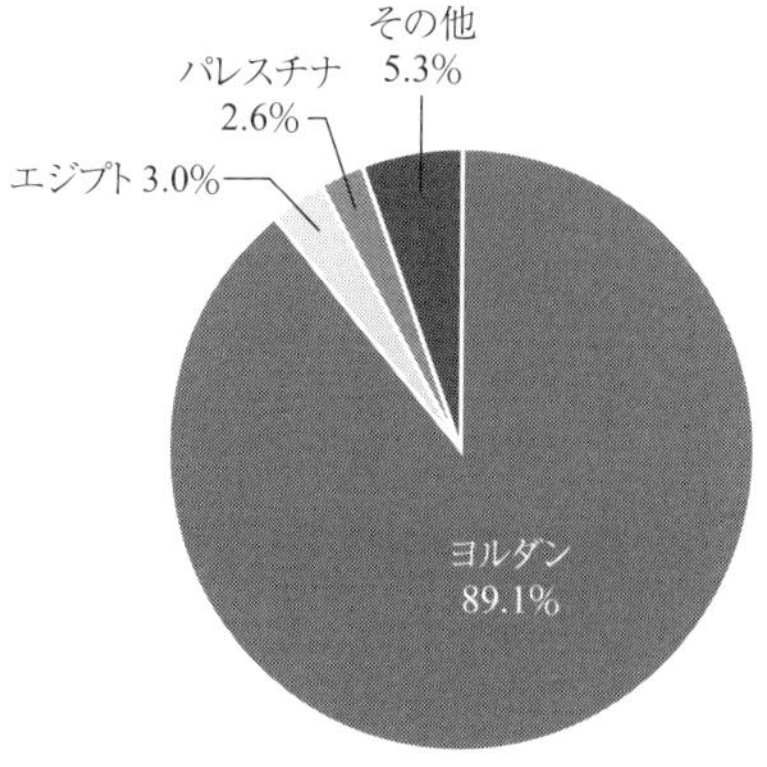

出所：Dos websiteの2004年国勢調査より筆者作成。

図5　出身地別アンマン県居住者の割合
（全192万4823人、2004年）

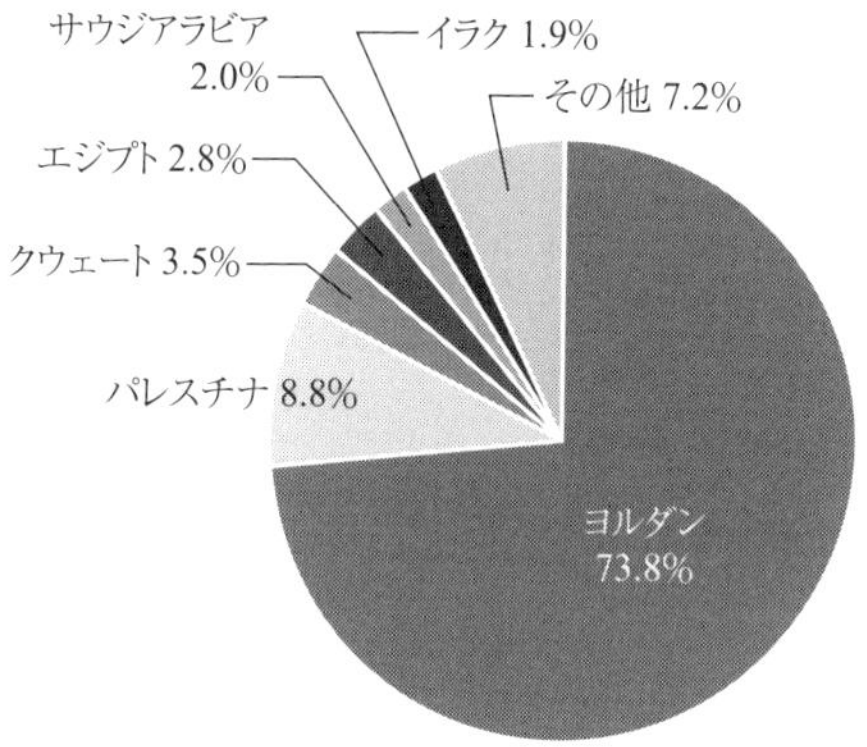

出所：統計局提供の2004年国勢調査データより筆者作成。

それでは、彼らはどこで生まれたのだろうか。出生地別の図を見てみれば推測できる。まず、ヨルダン以外の回答者として、パレスチナが八・八%と最も高いが、国籍ではパレスチナは二・六%しかいなかった。ここでのパレスチナとは、ヨルダン川西岸地区とガザ地区を指している。つまり、ヨルダン国籍を保持しており、さらにパレスチナで生まれた人びとが多いことがわかる。付け加えておくと、ヨルダンでは若年層の割合が極めて高い。二〇〇四年時点でも二〇歳未満の人口が四八・五%と人口の半数近くを占める。そのため、彼らの多くがヨルダンで生まれたと想定される。ヨルダン国内で生まれた若者の数が大変多いことで、国外出身者の割合が少なく見える点にも留意が必要だ。

続けて出生地を見てみると、パレスチナの次に割合が高いのはクウェートである。クウェートで生まれた人びとの多さは、前述したように湾岸危機・戦争の影響だろう。つまり、クウェートへ出稼ぎに行ったヨルダン国籍を持つ人びとの子どもたちが、クウェートで生まれ、親とともにヨルダンへやって来たのである。親の移動経路をたどれば、パレスチナで生まれ、ヨルダン国籍を持ちながらクウェートへ移動し、最終的にアンマンへたどり着くという経路が推測できる。また、クウェートと同じ石油産出国である隣国のサウジアラビアへ出稼ぎに行くヨルダン人が極めて多いことも、この二つの図の比較から明らかである。サウジアラビアで働いていたヨルダン人出稼ぎ労働者もまた子どもを連れて、ヨルダンへと戻って来たのである。ただし、彼らの移動の契機はクウェートとは異なる。すなわち、単純に陸続きであるサウジアラビアへ向かうヨルダン人労働者の総数が多いため、ヨルダンへと戻ってくる人びとが多いと考えられるのだ。

このように、ヨルダン人、つまりヨルダン国籍を持っている人びとであっても、必ずしもヨルダンで生まれているとは限らず、様々な背景を持っていることがわかるだろう。彼らは時にヨルダンの各地から、そして自らが生まれたヨルダンの周辺国から、多様な理由、多様な経路を経て首都アンマンへとやってくる。こうした「ヨルダン人」

の移動に、さらに周辺国出身者の移動が加わることで、アンマンという都市、ひいてはヨルダンという国家における住民、移動する人びとの姿が見えてくる。

おわりに

冒頭のバスに話を戻そう。私たちが乗っていたバスは、検問の後、特に何の問題もなく再び走り出した。乗客はボタンを押したり運転手に声をかけたりして降りて行き、また途中で新たな乗客が乗ってくる。私たちは先に運転手に降りる場所を告げていたため、無事に希望の場所で降ろしてもらえた。

バスの終点は、バカアという都市であった。バカアはアンマン北部から約二〇キロメートルに位置する。ここにはパレスチナ難民キャンプの中で最も面積が大きく、また人口規模も最大のバカア難民キャンプがある。ところが、建国直後に行われた人口調査の結果を見ると、バカアという地名を探すことができない。かつてはそれほど人口の少ない場所であった。一九六八年に難民キャンプが設置され、その後、バスの主要駅が置かれるほどの町になったのである。

このように、現在では大きな町になっている難民キャンプがいくつもある。人びとはこうした場所へ買い物のためにでかけ、またこの場所から職場や学校に通うために出かける。彼らは難民キャンプに留まることなく、他の町へと日常的に移動している。つまり、そこは人びとが一方的に流入し、また一方的に流出する場所ではなく、人びとが循環する移動の結節点のひとつとなっている。彼らはヨルダン社会に「溶け込んで」いるのである。この事実一つを挙げても、移動する人びとの姿を、難民や移民といった枠組みだけでは理解できないことが明らかだろう。

ヨルダンの歴史とは、度重なる人びとの受け入れの歴史であった。すなわち、人口構成の変化を幾度も経験して来たのである。それは労働力として人びとを受け入れるというだけではなく、周辺国による政治的事件によって起こった、突発的かつ幾度にもわたる莫大な量の人口受け入れであった。しかしながら、政治的事件による受け入れであっても流入した人びとは、例えばヨルダン国籍保持者であったり、一方で国籍を持っていてもヨルダンで生活したことがなかったりと、一様ではない。彼らヨルダンへ流入した人びとは、それぞれが持つバックグラウンドに基づき、ヨルダンの社会構造や経済構造という国の根幹そのものにも大きな影響を与え続けて来たのである。

注

(1) アンマンと言うとき厳密には、アンマン市とアンマン県という二つの行政区分が想定されるが、管轄する省庁が異なる上に境界も全く異なる（詳細は加藤ほか［二〇一七］の第三章を参照）。アンマン県はアンマン市の大部分を含むが、アンマン県において人口が集中する地域がアンマン市に重なっているため、区別されずに使われることが多い。本書でのアンマンは基本的にはアンマン市を想定しているが、統計データはアンマン県単位でのみ整理されているため、その際はアンマン県と表示している。

(2) 外務省ウェブページ・ヨルダン基礎データ（http://www.mofa.go.jp/mofaj/area/jordan/data.html［二〇一八年二月七日最終アクセス］）の記述による。

(3) 第一次中東戦争は独立宣言を発表したイスラエルに対し、アラブ各国（ヨルダンに加え、シリア、イラク、レバノン、エジプト）が攻撃を行い、開始された。この戦争の結果として、ヨルダンは、現在の東エルサレムを含むヨルダン川西岸地区を自国の管理下に置き、一九五〇年に正式に併合した。しかし、このようなエルサレムの分割支配ともとれる措置には多くの批判がなされ、初代ヨルダン国王アブドゥッラー一世は、孫であるフセイン前国王と共に礼拝に訪れたエルサレムのアル＝アクサ・モスクで、一九五一年にパレスチナ人青年によって射殺されている。詳細は立山［一九九三］などを参照。

(4) 第三次中東戦争ではエジプトやシリアとイスラエル間で戦闘が行われる中、ヨルダンもイスラエルへの攻撃に参加した。その結果、東エルサレムを含むヨルダン川西岸地区への支配権を失った。第一次中東戦争および第三次中東戦争の詳細については、パレスチナに関する書籍の多くが扱っている。例えば、立山［一九九三］などを参照。

(5) ヨルダンはしばしば、パレスチナ問題の解決に貢献しうる国家の一つとして、取り上げられてきた。錦田［二〇一〇a］

はパレスチナ問題を主眼におきながら、ヨルダンに居住するパレスチナ住民のアイデンティティについて論じている。

（6）彼らは「ガザ難民」と呼ばれる。パレスチナ・パスポートを発行するパレスチナ暫定自治政府の設立は一九九四年であるため、ガザ難民はパレスチナ・パスポートを持てず無国籍状態のままである。そのため、生まれたときからヨルダンで生活しているにもかかわらず、国のサービスが受けられず（例えば、学費が外国人料金であるため、ヨルダン人の倍以上かかるなど）、厳しい生活を強いられている。ガザ難民の詳細については錦田［二〇一〇b］を参照。

（7）ＵＮＲＷＡはUnited Nations Relief and Works Agency for Palestine Refugees in the Near Eastの略称。パレスチナ難民を救済する目的で設立され、一九五〇年に活動が始まった。中東に住む五〇〇万人のパレスチナ難民がＵＮＲＷＡに登録し、教育、保健、社会福祉などのサービスを受けている。難民として生まれると教育の機会が失われ、世代による貧困の連鎖が続く。ＵＮＲＷＡの存続はパレスチナ難民として生きる人びとの心の支えになっている。ウェブサイト（英語）はhttps://www.unrwa.org/（二〇一八年三月現在）。

（8）この結果は、加藤ほか［二〇一七］にまとめられている。また、一九八〇年代に同じくヨルダン北部の農村に、文化人類学の調査研究のために滞在した経験を綴った清水［一九九二］も参考になる。

（9）ヨルダンは地政学的重要性から「緩衝国家」、あるいは国王と部族との密接な関係から「部族国家」とも称されてきた。ヨルダンの王政や部族について詳しくは、吉川［二〇一四］や北澤［二〇一六］などを参照。また、ヨルダンが建国される過程については、Alon［2007］や北澤［一九九三］などを参照。

（10）ＯＤＡについては外務省ウェブページの国別開発協力方針（https://www.mofa.go.jp/mofaj/gaiko/oda/files/000367699.pdf#page=327［二〇一八年六月三〇日最終アクセス］）、海外青年協力隊についてはＪＩＣＡウェブページの青年海外協力隊派遣実績（https://www.jica.go.jp/volunteer/outline/publication/results/jocv.html［二〇一八年六月三〇日最終アクセス］）の記述による。

（11）ヨルダン統計局の推計による。出所はhttp://dosweb.dos.gov.jo/18-5-unemployment-rate-during-the-fourth-quarter-of-2017/［二〇一八年三月二六日最終アクセス］。以下、失業率に関するデータの出所は同じ。

（12）同じ戦争による避難者でも、ヨルダン政府はシリア人とイラク人に対してそれぞれ異なる対応をした。すなわち、政府はイラク人を一貫して「客人」として対応した一方、シリアからの人びとについては、当初は「客人」としたものの、後に「難民」として受け入れた［今井　二〇一四：四六］。ヨルダンはこのように「難民」への対応を変えることで、国際社会からの援助を引き出した面もある。ヨルダン政府のシリア難民を中心とした難民政策については今井［二〇一四］を参照。

（13）より正確に言えば、統計局とノルウェーの調査機関（Ｆａｆｏ）によって二〇〇七年に実施された共同調査（サンプル調査）であり、報告書が出版されている［Dalen and Pedersen 2007］。また、報告書でも問題点として指摘されているが、実際はもっと多くのイラク人がヨルダンに居住していたと思われる。なぜなら、この共同調査でのイラク人の定義は「自身をイラク人と考えている人」である。そのため、イラク人の中にはヨルダン当局による追放や制裁を恐れ、他の国籍だと偽った人びとが少なからずいた可能性が高いからである。

(14) UNHCRはThe Office of the United Nations High Commissioner for Refugeesの略称。一九五〇年設立。第二次世界大戦後、避難を余儀なくされていた何百万ものヨーロッパ人を援助するため設立され、当初の活動は三年間の予定だった。ヨルダンのイラク難民とシリア難民はUNHCRの管轄である。ウェブサイト（日本語）はhttp://www.unhcr.org/jp/（二〇一八年三月現在）。

(15) 本データは一橋大学とヨルダン統計局の間の学術協定に基づくプロジェクト（二〇一四年四月から一八年三月、科学研究費補助金・基盤研究（A）「アラブ社会における多元的貧困の歴史的・構造的解明――エジプトとヨルダンを中心に」代表・加藤博）の一環として入手したものである。

参考文献

〈日本語〉

今井静
　二〇一四「ヨルダンにおけるシリア難民受入の展開――外交戦略としての国際レジームへの接近をめぐって」『国際政治』第一七八号、四四―五七頁、日本国際政治学会。
加藤博・岩崎えり奈・北澤義之・臼杵悠・吉年誠
　二〇一七『カフル・マー村研究――北西部ヨルダン山村の社会構造とその変容』東京：上智大学イスラーム研究センター。
北澤義之
　一九九三「ヨルダンの『国民』形成――トランスヨルダン成立期を中心にして」酒井啓子編『国家・部族・アイデンティティ――アラブ社会の国民形成』千葉：アジア経済研究所、一四三―一八六頁。
　二〇一六「現代ヨルダンにおける『部族政治』の変容」『中東研究』第二三六号、二〇―三二頁。
吉川卓郎
　二〇一四「ヨルダン――紛争の被害者か、受益者か」青山弘之編『「アラブの心臓」に何が起きているのか――現代中東の実像』岩波書店　一一八―一四五頁。

塩尻和子
一九九三『ヨルダン――野の花の国で』東京：未来社。
清水芳見
一九九二『アラブ・ムスリムの日常生活――ヨルダン村落滞在記』東京：講談社。
立山良司
一九九三『エルサレム』東京：新潮社。
錦田愛子
二〇一〇a『ディアスポラのパレスチナ人――故郷とナショナル・アイデンティティ』東京：有信堂。
二〇一〇b「ヨルダンにおけるガザ難民の法的地位――UNRWA登録、国籍取得と国民番号をめぐる諸問題」『イスラーム地域研究ジャーナル』早稲田大学イスラーム地域研究機構、第二号、一三―二四頁。

〈外国語〉
Alon, Yoav
2007 *The Making of Jordan: Tribes, Colonialism and the Modern State*. London and New York: I.B.Tauris.
Antoun, T. Richard
1972 *Arab Village: Social Structure of a Trans-Jordanian Peasant Community*. Bloomington: Indiana University Press.
Dalen, K. and J. Pedersen
2007 *Iraqis in Jordan: Their Number and Characteristics*. Oslo: Fafo.
Department of Statistics, The Hashemite Kingdom of Jordan
1996a *Population and Housing Census 1994, Volume 1*. Amman: The Hashemite Kingdom of Jordan, Department of Statistics.
1996b *Population and Housing Census 1994, Volume 2*. Amman: The Hashemite Kingdom of Jordan, Department of Statistics.
2006a *Population and Housing Census 2004, Volume 1*. Amman: The Hashemite Kingdom of Jordan, Department of Statistics.
2006b *Population and Housing Census 2004, Volume 2*. Amman: The Hashemite Kingdom of Jordan, Department of Statistics.
2006c *Population and Housing Census 2004, Volume 3*. Amman: The Hashemite Kingdom of Jordan, Department of Statistics.
2016 *Taqrīr al-Natā'ij al-Ra'īsīya lil-Ta'dād al-'Āmm lil-Sukkān wa al-Masākin 2015*. Amman: The Hashemite Kingdom of Jordan, Department of Statistics.

Hassan, Fareed M. A. and Djelloul Al-Saci

2004 *Jordan: Supporting Stable Development in a Challenging Region, A Joint World Bank-Islamic Development Bank Evaluation.* Washington, D.C.: World Bank.

Hindle, Peter

1964 "The Population of the Hashemite Kingdom of Jordan 1961." *The Geographical Journal* 130(2): 261-264.

Kadhim, M.B. and Y. Rajjal

1988 "City profile Amman." *Cities* 5: 318-325.

Kirwan, F.X.

1981 "The Impact of Labor Migration on the Jordanian Economy." *International Migration Review* 15(4): 671-695.

Knowles, Warwick

2005 *Jordan Since 1989: A Study in Political Economy*. London: I.B.Tauris.

Ministry of Labor, Jordan

2015 Annual Report 2015 http://mol.gov.jo/Echobusv3.0/SystemAssets/PDFs/AR/Annual%20reports/2015.pdf （二〇一八年三月六日最終アクセス）（アラビア語）

Potter, Robert B, Khadija Darmame, Nasim Barham, and Stephen Nortcliff

2009 "'Ever-growing Amman', Jordan: Urban Expansion, Social Polarization and Contemporary Urban Planning Issues." *Habitat International* 33: 81- 92.

Rovins, Philip

2004 *A History of Jordan*. Cambridge: Cambridge University Press.

Rogan, Eugenel L.

2002 *Frontiers of the State in the Late Ottoman Empire: Transjordan, 1850-1921*. Cambridge: Cambridge University Press.

Samha, Musa

1980 "Migration to Refugees and Non-Refugees to Amman, 1949-1977." *Population Bulletin of ECWA* 19: 47-67.

Shlaim, Avi

2008 *Lion of Jordan*. London: Vintage.

UN. ESCWA (United Nations. Economic and Social Commission for Western Asia)

2005 *Urbanization and the Changing Character of the Arab City*. New York: United Nations.

Van Hear, Nicholas

1995 “The Impact of The Involuntary Mass 'Return' to Jordan in the Wake of the Gulf Crisis.” *The International Migration Review* 29(2): 352 -374.

ウェブサイト（二〇一八年三月六日最終アクセス）

CAPMAS（Central Agency for Public Mobilization And Statistics. Egypt）

http://capmas.gov.eg/

DoS（Department of Statistics, Jordan）

http://dosweb.dos.gov.jo/

Population Division of the Department of Economic and Social Affairs of the United Nations Secretariat

https://esa.un.org

World Bank

https://data.worldbank.org

年表：本書に関わるヨルダンでの主要な出来事

	ヨルダン	中東・世界
1906	ヒジャーズ鉄道がアンマンに到達	
1918		第一次世界大戦　終結
1921	後に初代国王となるアブドゥッラー一世へ現在のヨルダンの前身トランスヨルダンの権限を委譲	
1923	イギリス委任統治領下でトランスヨルダン首長国として宣言	
1939		第二次世界大戦始まる
1945		第二次世界大戦　終結
1946	独立、トランスヨルダン王国として宣言	
1948		第一次中東戦争
1950	ヨルダン川西岸地区の併合、ヨルダン・ハーシム王国に国名を改める	
1951	第二代国王タラール一世即位	
1953	病身のタラールに代わり、第三代国王フセインが即位	
1954	日本とヨルダンの国交樹立	
1956		第二次中東戦争
1967	第三次中東戦争、ヨルダン川西岸地区地区をイスラエルが占領	第三次中東戦争
1973		第四次中東戦争、石油ブーム
1988	フセイン国王がヨルダン川西岸地区切り離し宣言	
1990		湾岸危機・戦争
1994	イスラエルとの平和条約締結	
1999	フセイン国王死去に伴い、第四代国王アブドゥッラー二世が即位	
2003		イラク戦争
2011		シリア内戦

Rovins［2004］などを基に筆者作成。

あとがき

「外国に行ったら、ビザ申請書の国籍欄にJapanではなく、Jordanの判子を間違えて押された」そんなゼミ生の体験談を先生から聞いた。確かに、日本とヨルダンは英語の綴りはとても良く似ているが、日本に住んでいるとヨルダンという言葉から想像できることは少ないかもしれない。某旅行会社の方が「サッカーで知っています」と絞り出すように言ってくれたのが印象的である。現にヨルダンに関する研究は、世界的に見ても、他の中東諸国と比べて圧倒的に少ない。しかし、今のところヨルダンは情勢が流動的な中東地域において「社会が安定しているように見える」数少ない国の一つであり、今後は研究が増えていくと思われる。本書を通じて、ヨルダンという国家とその社会に住む人びとについて、少しでも知っていただければ幸いである。

滞在中は多くのヨルダン統計局のスタッフの方にお世話になった。とりわけイフラス・アランキ（Ikhlas Aranki）元統計局局長補佐には、渡航前から渡航後まで自身の研究において多大なるご協力をいただいた。彼女の広い心がなければ、私はヨルダンにおいて調査を続けることはできなかった。

本書はヨルダンに関する研究成果の一部であり、日頃の研究にあたっては様々な先生からのご助言をいただいている。特に前指導教官の一橋大学加藤博名誉教授、そして現指導教官の一橋大学経済学研究科大月康弘教授には、示唆に富んだご指導をいただいている。さらに、上智大学教授岩崎えり奈さんと京都産業大学北澤義之教授にもたいへんお世話になっている。本書の内容では学恩に報いるには不十分であるが、ひとまず御礼を申し上げたい。ただし、本書に至らない部分があるとしたならば、全て私の責任である。

長期留学および現地での経験を文章にする際には、多くの方々のご協力があった。まず留学だけでなく帰国後も手厚い援助をいただいている松下幸之助記念財団のみなさま、特に谷口ひとみ様と大門成行様に御礼を述べたい。さらに、水口拓寿委員長をはじめとする松下幸之助国際スカラシップフォーラム委員会の方々にも成果報告の発表フォーラムから執筆に至るまでコメントをいただいた。また、同時期にブックレット執筆を行った金子亜美さん、白石奈津子さん、藤音晃明さんがいなければ書き上げることはできなかっただろう。最後に、風響社石井雅社長には、本書の執筆にあたって何度も貴重な助言や励ましをいただいている。深く感謝を申し上げたい。

著者紹介

臼杵　悠（うすき　はるか）

1987年、東京都生まれ。

一橋大学大学院経済学研究科経済史・地域経済専攻博士後期課程在籍。

主な業績に「アンマン県における就業と人口流入：2004年ヨルダン人口センサスに基づいて」（『日本中東学会年報』34巻1号、pp. 91-112、2018年）など、共著書に「イスラム銀行利用者による金融商品の利用動機と継続的取引の決定要因：ヨルダンの事例から」（『アジア経済』56巻4号、pp. 2-22、2015年）などがある。

移民大国ヨルダン　人の移動から中東社会を考える

2018年10月15日　印刷
2018年10月25日　発行

著　者　臼杵　悠

発行者　石井　雅

発行所　株式会社　風響社

東京都北区田端4-14-9（〒114-0014）
Tel 03（3828）9249　振替 00110-0-553554
印刷　モリモト印刷

ISBN987-4-89489-406-8　C0039